개쑥부쟁이

시계 시선 21

배순석 시집

개쑥부쟁이

詩界

자서

사분사분 흔들리며 지나온 이순 줄
굽이진 쉼표마다
스쳐 흐른 꽃보다 고까운 도반 같은 생의 인연들
지고 나면 질펀한 하룻밤 꿈결이었을 꽃몸살
꽃몸살 앓는 개쑥부쟁이 같은 나의 인연들 곁에
조심스레 시집을 엽니다

목차

자서 / 5

1부 달집에 불~이야

어머님의 손끝 / 13
기억 너머 / 14
별이 지는 밤 / 15
전설을 틀고 앉은 / 16
초하初夏 / 17
파장 길 / 18
달집에 불~이야 / 19
이별의 군무 / 20
어머니의 미역국 / 21
어머님 살강 / 22
빨간 약손 / 23
솟대가 된 어미 / 24
어미는 이미 꽃이었어 / 25
너는 납 월 홍매 / 26
정든 주소 / 27
침묵의 원불사 / 28
땡삐 / 29

2부 개쑥부쟁이

아! 토영 / 33
뻘밭 / 35
소매물도 풍경 / 37
누구나 길을 내는 / 38
마침내 길 / 39
남문 가는 길 / 40
처음엔 미처 몰랐지 / 41
간월산 여기 / 42
편월片月 / 43
산 여울 / 44
개쑥부쟁이 / 45
바위 꽃 / 46
달팽이 집 / 47
흔들리며 피는 꽃 / 48
꽃은 자리를 탓하지 않는다 / 49
바람을 탓하지 마라 / 50

3부 한철 과메기

떠나는 건 그리움이다 / 53
다이어트 중 춘자씨 / 54
송 목수의 꼴값 / 55
해묵은 소파 / 56
황금자원 개미허리 / 57
어찌 치통뿐이랴 / 58
대상포진 / 59
인연 / 60
죽은 '척' / 61
부전시장 마약 김밥 / 62
한철 과메기 / 63
멸치 신세 / 64
개똥참외 / 65

4부 아버지의 말뚝

아버지의 말뚝 / 69
꼰대 / 70
순이 아부지의 봄 / 71
COVID-19 / 72
흉기 / 73
갑에게 / 74
바람의 나라 / 75
여의도 봄 가뭏다 / 76
개 같은 놈 천지 / 77
침묵의 함성 / 78
붉은 담쟁이 / 79
어이 친구 / 80

5부 꽃몸살

겨울 나목 / 83
춘삼월 꽃몸살 / 84
꽃몸살 / 85
봄 오는 길목 / 86
영등 할미 / 87
언뜻 봄 들겠지요 / 88
훔쳐온 봄 / 89
강산농원 봄이 피는 / 90
흔들리는 봄날 / 91
어느 봄날 / 92
그 봄날 / 93
봄에는 꽃멍울 / 94
마당을 쓸면서 / 95

후기 / 96

1부
달집에 불~이야

어머님의 손끝

젖니 솟구치자 젖을 떼고
달보드레한 그 첫맛을 찾던
세상 풋맛에 찌푸린 오만상을
어머닌 내내 해맑은 손맛으로 쓰다듬으셨지

굽이진 마디마다 알싸하게 숨은 속
설익은 세상 쓴맛 겨워 내뱉었던

주린 목구멍 깊숙이 눈물진 길목마다
세상살이 매운맛에 눈물 콧물 흠씬 흘리고
솜사탕 녹듯 와 닿는 달보드레한 맛
시고 떫고 소태같이 쓰고 짠맛 비켜
세상맛 잘 살펴 찾아 살라고
어떤 세상도 달보드레하게 풀어내시던
쌉싸래함에 숨겨놓았던 젖가슴
깊게 품은 어머님의 익숙한 손끝

기억 너머

암탉을 꼬드기는
장닭 꽁지를 쫓으며
꼬꼬댁거린 잘그랑한 기억 너머
탱자나무 울타리 참새 쫓던 소리소리

놀란 장끼 솟구쳐 날고
기차 연기 퐁퐁 재 넘어 하늘 솔깃한
도회로 가는 구름 따라 내달린
뒤란 대숲울타리 산 제비처럼 날렵했던
똥거름 내는 날 코를 막고 섰던 그 들밭
물뱀 매끄럽게 기어간 송구배미* 꾸불꾸불한
도랑 옆 깐들 거리고 섰던 개냉이 소굴챙이**

아슴아슴 할배 목소리 귓가에 쟁쟁한
'야~ 이놈들아 찬차이 싸 댕겨라'
'자빠지모 쌩 물팍 깬다'
한 갑자 너끈한 할배 아직 조곤조곤하시고

* 논배미 이름
** 소루쟁이

별이 지는 밤

무성으로 툭 지는
하르르 저 창백한 빛줄기
한때 오작교 건너 견우직녀
이름 부르며 초롱불 밝혔던
꽃같이 지는 이름 저 별똥별
서럽게 져 내리는 사랑 하루 이틀이던가
사랑으로 영글던 한때 꽃별
어둠이 짙을수록 더욱 도드라진
사랑을 거두는 저 찬란한 낙화
활활 타던 가슴 앓으며 떠나보낸
아슴푸레한 날들의 저편이
살며시 숨죽이고 걸어 나오는 이 밤
어떤 사랑이 피었다 지는지
또 별이 지네
별똥별 하르르하르르

전설을 틀고 앉은

아침밥 짓던, 가시나
'저기 돌이 걸어간다'
부작대기* 툭툭 친 부정 탄 한마디에
억겁을 걷던 두 암수 선돌 걸음을 멈춘

손을 맞잡는 그 자리 도읍지 되었을 전설이
외따로 우뚝 서버린 대천들 선돌 한 발대죽 앞
수양버들 우묵한 논배미 전설을 틀고 앉은 뜸붕** 옆
아부지 지겟길 깡충 걸음 친구 되어
판장방천 건너 월아산 빤한 해거름을 끼고
윗 논배미 갈래머리 낯붉혀 돌아앉은
낯익은 가시나 손끝에 쥐었던 작대기

아~ 그 부작대기

대천들 선돌 얽힌 전설 알기 한참
몇 겁을 건넌 환생이었을 그때는 미처 몰랐던
가시나 야, 가시나 야
그 작대기 치지 마라, 치지 말거라

  * 부지깽이
 ** 둠벙

초하 初夏

쇠똥 불 휘이휘이
반딧불이 부르는 기척으로
아이들 소리소리 저녁별 뜨는 초하
칠월이면 칠석날
견우직녀 밤이 애달픈
오작교 건너 은하에 별을 토해
오롯한 이슬로 지는 밤
수런수런 개냉이 수군거리는 소리 화들짝
도깨비불 원당골서 도장골 빤하게
길길이 날뛰는 밤이면
풋 몸살 앓아눕던 젊은 과수댁
쇠똥 불 꺼이꺼이
화르르 볼 붉히는 아적*

아이들 손끝마다 쇠똥 불 휘이휘이
산나리 때깔도 매큼하게
반딧불이 뜨는 초하 初夏

*아침

파장 길

반성 오일장 비탈진 어물전
꼬박꼬박 졸다 올라온 기절 낙지
죽은 척 곁눈질 흘기는 가자미
진동 개펄 속을 뒹군 갈망조개*며
뉘 집 잔칫상에 오를 어깨 으쓱 생문어
한껏 눈 치뜬 민어 뉜 어물전은 파시

싸전을 휘젓던 되쟁이** 장 건달도 기죽이는
우 시장 앞 어미 찾아 울어 자지러진
새끼를 부르는 뿔을 세운 어미 염소
새끼줄 묶인 발목 탈탈 털며 암탉을 토시던 수탉
홰를 치며 목깃을 세우던 파장 언저리
불콰한 노을 등진 촌부 손에 걸린 갈치 서너 마리
장머리 값 튕기던 파장엔 풀 죽어 떨이
장돌뱅이 파장을 거두는

  * 새조개
 ** 되질하는 사람

달집에 불~이야

마른버짐 까칠할 정월 대보름
아주까리 묵나물에 꿩알 줍는다는 복쌈에
시큼한 세시풍속 가오리무침에 귀 밝히던
탁배기 한 모금에 볼짝 빛 발그레해
몽땅한 묵은 조리 들고 형들 따라
새 복조리 졸라대며 징징대던 뒤통수에
넉넉한 다섯 집만 돌다 오란 말씀 쟁쟁하시던 엄니
꿈을 열던 하늘 드높이 우쭐거리던 가오리연
기우뚱 방패연이며 집집이 꿈을 빌어 달집 허리띠에
아들딸 하 소원을 매달던 옆집 할아비 손자 바라기 다급해
때 이르게 싸지른 달집에 불
어느 놈이여 '달달~집에 불~이야'
더도 말고 모자란 오곡 다섯 집만 돌면 약밥이 되는
그 뜻 알아차린 이순 넘어

보태면 일곱이 하나 되는 칠 남매
그리움 활활 타는 '달집에도 불'
'달집에 불~이야'

이별의 군무

중부지방 첫눈예보에
귓불 맵싸한 바람의 발톱 아래
어미 붙던 새끼들 화들짝
성장한 새끼들 파닥파닥
떼 춤추어 날아내리는 노란 날갯짓
온 것은 언젠가 떠나야 하는
어미들 가슴 먹먹할 빈 둥지
절기는 소설 한창 소한 대한지나
어둡고 긴긴 혹한의 터널 깊숙이 디딤발 내리고
입춘 건넌 우수 경칩에야 움츠렸던 몸을 풀고
품었던 새끼 가만가만 실눈 뜨는 날
버선발로 반기어 나설 어미들
새파란 촉 더듬어 온기 따끈할
가지마다 그리움을 푸는 톡톡
젖꼭지 토실하게 흔들어 열고
샛노란 부리 빼꼼 디밀고 올

아직은 이별 저 군무

어머니의 미역국

쫑긋 부리 디밀고
두레 판 허기 둘러앉았던
메마른 빈 젖 물린 부리마다
먹이 보드랍게 오물거려
새끼 입에 물어넣어 주던 거친 시절
모진 산통 끝 새끼를 낳고
드센 씨 어미도 간섭을 않던
해산 치레 젖 몽우리 푸시던 어머니 미역국

새끼들 커서 생일날 챙겨 먹는 그 미역국
마른 젖가슴 달래던 어머니의 미역국이었어
젖배 곯지 않게 내어주신 봉긋하던 엄니 가슴
콩밭 납작 엎어 누이기 전 늘 그러셨어.

'죽으면 입이 썩어 못 먹네'

미역국 아니어도 좋네, 생일 든 날 콩밭 들러
마른 포에 탁주라도 넙죽 한잔 올려 드리시게

어머님 살강

소두방* 열면
허기 따끈따끈 벙글던
솔잎을 꽂은 식초병마저
바글바글 침샘 솟구치던 부뚜막
새끼들 부리 쫑긋 디밀던
밥상에 올리던 사발이며 보시기
대접 포개 밥그릇 엎어놓던
생명줄 담뿍 잇대던 살강** 아래

정화수 정갈한 하얀 물 사발 떠놓고
몸 낮춰 빌고 빌어 비실대던 깔딱 숨
부스스 살강을 건너오던 뭇 생명
그 영험 무한했던
북두칠성 손수 건너신 어머님 살강
어머니 손 놓으시기까지
어머님 살강
뭇 생명 생기 환했었지

　* 솥뚜껑
　** 부엌의 벽 중턱을 가로지른 선반이나 시렁

빨간 약손

아프다 어리광부리면
모성 한 모금 입김 불어주시면
씻은 듯 어리광 사라지던 담방 약
까지거나 부딪힌 어디라도 빨간약 바르면
약을 발랐다는 안도감 그 빨간약 흔적에
씻은 듯 아픔이 사라지던 그 신통방통하던
빨간약 엄마 약손 같았던
뜀박질 걸음 즈음 남발한 약성 떨어져
입김마저 면역력 잃은 성장통 이후
문명의 속도보다 아픈 사연 가득한 금세기
소외되어 외지고 굽이진 마디마디
저민 가슴 먹먹한 사연마다
그때 그 빨간 약 바르면 씻은 듯 나을
세상살이 참 요긴할 더욱 간절한 머큐로크롬
빨간 약손

솟대가 된 어미

발산재 반질 하도록
도회로 떠난 새끼들 근심은 날마다
새끼들 떠난 빈 둥지 지키며
발산재 빤한 한골 어귀를 눈이 빠지도록
기다려 선 개암골 헛헛한

새끼들 손꼽아
쪼글쪼글해진 나이테 도란도란
외로운 나날 까치발 돋운 서로서로
기러기 줄지어 날아간 횅한 하늘바라기
무리 진 속내 갈망한 솟대 높이

오리감 홍시로 깊숙이 익는 저녁
단농댁 옆 애기댁 선동댁 강주댁 앞
대동댁 도란도란 외기러기 짝발들
어미들 바래 걱정 쉴 날이 없는 솟대
오롯한 어미들

어미는 이미 꽃이었어

꽃 되어 왔던 길 되돌리는 길에
바람 불어도 올곧아 흔들리지 않는 꽃
어디에 있던가

흔들려도 새끼 꼭 보듬어
그 여름 힘진 볕살 아래
천둥 번개 벼락 몇 날을
흠씬 한 소낙비에 새끼 외면하던가
등짝 갈라 터지도록 검게 탄 몰골로
가녀린 모가지 흔들어
바람에 지혜를 얻어
온전하게 더 멀리 새끼 쳐 보낸
꽃이 져 내린 한참을

빈 대궁 흔들고 선 새끼를 품었던 흔적

죽어 새끼를 치는 어미
오래전 이미 꽃이었어

너는 납 월 홍매

소한小寒 건넌
대한大寒으로 치닫던
맵싸하게 귀볼 아려오는 엄동
폭설 뒤집어쓴 네 형국의 날들
섣달에 눈뜬다는 홍매화
선암사 말사 금둔사 네들 개화 소식
꽃눈 벙긋 터트릴 입춘 아득한 섣달
팬데믹을 버티는 깔딱한 늑골을 딛고
홍매화 붉은 울음 터뜨렸다는 훈훈한 기별에도
각자도생 얼어붙은 결빙의 품
코비드-19 헐벗어 건너던 입춘 아득한 섣달

사람도 아닌 것이 뭉근히 몸을 풀려는지
봄 온줄 졸랑대며 섣달 묵은 인고도 벗고
기진한 울음 기어이 꽃눈으로 뜨는
섣달에 눈을 뜨는 너 납臘 월月 홍매紅梅

정든 주소

입동이 달포는 뒹굴고 남았을
익숙한 옛 주소 거둔 줄 모르고 보낸
샐쭉해져 되돌아온 옛 주소의 황당한 반송
바뀐 주소를 물어 다시 보내려다
그의 접질린 자존심을 끝내 건드리질 않았다

가슴 시릴 세밑
가슴 훈훈히 데울 화들짝 뜨거울 안부
배달될 주소창에 자꾸 찾을 수 없는 번지로 뜨는
산벚꽃 깔깔한 웃음까지는 생각 번지 척척 알아듣더니
그새 갈아탄 자존심 칼칼한 새 도로명주소 요놈
서툰 수작으론 어느 안부도 물을 수 없는 번지수

'다시는 이 주소로 안부 보내지 마세요'

그 야멸찬 자존심만 남은 옛 주소
바뀐 새 주소 구태여 묻지 않을게요.
새 주소란에서 항상 안녕하세요, 아프지 말고요

침묵의 원불사

언젠가 와 본 꿈결인 듯
퍽 낯설지 않은 서라벌 남산 어귀 어디쯤
살아 넘을 수 없는 아뜩한
머리 없이 침묵에 든 석불좌상
청태빛 피딱지 앙상한 홀로
머리 없는 천년을 미동 없이 앉은 저 안거

주체할 수 없는 와르르 눈물 너머
진양 반성 개암사 앉았던 골 안
안새미 빠져 죽은 전설 속 사미승 영혼을 달래
탑새미 누운 향나무 굽은 등 너머
쇠락해 허물진 삼층석탑 덩그런 전설 흔적

잘린 전생 너머 삼라만상 돌고 돌아
어떤 도량 진 인연의 겁 건너 들어
본동 옴팡진 건너새미 빤한 단농댁 칠 남매
터다져 살았던 벅적댄 옛집에 침묵을 튼
영겁의 고요 속의 원불사圓佛寺

안방 떡 차지하고 앉은 거기 누구요

땡삐

묵어 가뭇한 개망초 흔들리는 싹골 넌짓
송장메뚜기 촐싹대고 범나방 허적거리는
산발한 할배집 지붕 깎아 드리는 낫질에
자주 안 찾는다고 성깔 뒤틀린 할배
땡삐 불러 옆구리에 돗바늘 침을 쏘아댄
하늘이 노랗던 한참을
할배집 째려보니 반반하시던 웃음 간데없이
가시 돋친 애 아카시아 깐죽대고
툴툴 성깔 바쁜 송장메뚜기 이웃으로 부른
뺑삐 마저 하 반가웠던지
오죽 그리웠으면 그 뜨거운 여름 볕살 아래
땡삐 불러 집을 짓게 해마다 산발한 머릴 풀었을까.
'할배 예~' 꽃상여 따라 시끄럽게 매달리던
아들딸 손주 매미 소리 그립거들랑 내년부턴
씰룩 매미라도 불러다 땡삐보다 더 지독한
그리운 허기 채우시고 노여움은 '푸세 예~'

2부
개쑥부쟁이

아! 토영

1.

깨끔한 쪽빛 수면을 가르며 검은 연기 퐁퐁
싸질러 숨 멎을 듯 깔딱깔딱 처박고 솟구쳐
촘촘하게 학익진 펼쳐진 양식장 통발선 툴툴거리며
열두 공방 맥을 튼 푸른 미항 동양의 나폴리

함지에 깍두기 홍합 주꾸미 켜켜이 꼬치 꽂아
하얀 갱지 위 투박한 말투 듬뿍 얹어
'김밥 좀 사소 충무김밥' 생생하던 객선 선착장
바다가 뭍에 들앉은 강구안
연탄불에 구운 볼락 연기 자욱한 희락장 샛골목

'나가~다' '할바시~다' '해임~다'
두루뭉술 존칭이 삭제된 뱃전에서 뭍에 오른
토속 언어 한껏 목청 돋우어 배짱 샌 말투
질펀한 골목골목

2.

해저터널 판데목 재빠른 물길
출어한 어선들 길길이 가쁜 숨 오르내리는
하늘에 운하교 걸쳐 넘는 미륵섬
뭍이 바다로 떠내려간 욕지도 연화도 자물자물 오곡도
사량도 새섬하며 쑥섬 첨벙첨벙 자맥질 한창인 섬 섬들
에둘러 달도 밝던 수려한 한산섬 수루터
활짝 열어젖히고

물때 맞춰 파시로 새벽을 열던 서호시장
장 마실 졸복국 탁배기에 낯빛이 해처럼 붉던
토영 오광대 말뚝이 사설 분분하던 정월 대보름날
사금 먹인 연줄 연 싸움하던 객선 마당 외당가리
긴 꼬리 기바리 연 높이 으스대던

토성고개 발치에 남망산 이충무공 장검 움켜쥐고
노려보던 한산섬 빤한 세병관 오르던 벅수골
하마나 돌벅수 섰을 아! 토영

뻘밭

1.

무지갯빛 지느러미
세워 걷는 짱뚱어 몸짓에 놀란
개조개 날숨을 내뱉는 숨구멍
세발낙지 황급히 몸을 숨기는
다급하면 어느 것 없이 숨어드는 뻘밭

언어가 다물려지고
꿈이 접질려져 도태된 시간들이
잘린 혀를 반쯤 파묻고
쓰임새 다한 내장 훤히 드러낸 녹슨 라디오
귀가 반쯤 잘려져 나간
연대를 알 수 없는 오래된 부호
본연의 형색이 곰삭고 있는
외짝 스피커 다급히 숨어든
뻘밭

2.

일어서지 못한
올곧은 것들은 뒤쳐지고
휘둘린 시류에 파묻혀버린 폐선처럼
바다로 들지 못한 쓰임새 다한 것들
달도 올찬 날 물에 기우는
숨죽인 뻘밭 깊숙이

나긋나긋 순응하며 재생의 시절을 견뎌

날물 진 뻘밭에
푸른 하늘 넘보는 짱뚱어 팔딱이고
들물에 바다가 품어 줄
뻘떡 게 낮게 빨딱 거리는
가장 낮은 곳에서 생기 돋우어
뻘밭, 뭇 생명을 품어내는

소매물도 풍경

해풍 맞서
코 닿을 듯 비탈진
피랑* 위 조개껍데기 엎어놓은 듯
제비 둥지 옴팍 숨은 바람 숭숭한 돌담
하늘 빠진 바다가 티베트 피라미드처럼 치솟은
뭍을 꿈꾼 절해고도
납작 엎드린 낮은 것들 숨어든
역린의 비린 꼬리 치켜세우다가
꼬리질 댕강 잘린 두어 마리 가오리
하마나 하늘을 꿈 짓던 눈이 꿰인 가자미
무장 해제된 지느러미 간데없이
비려 펄펄했던 삶의 터전이었던 바다
내장 발린 채 빨랫줄에 간당간당

마파람에 꿈을 꾸듯
물고기도 천장天葬으로 드는
풍광 소매물도

* 벼랑

누구나 길을 내는

반듯한 꽃길만 길 아닌
힘지고 더러 버거운 진창길
간당간당 외줄 같은 태산준령에도 길은 있다
삭신 뭉개지도록 넘어보고야
타인이 다져놓은 꽃길만 길 아닌
너덜경 가시밭길 헤쳐 넘은
굴곡진 마디 그만의 길이 되는 피랑 길
돌고 돌아 낮추고 낮춘
아무도 넘보지 않은
개쑥부쟁이 눈 맞대어 깔깔대는 길
가슴으로 묻고 물어가는 한 대죽 한 대죽
때가 되면 앞선 등불처럼
뒤따른 누군가의 생각에 밟혀 길이 되는
나를 다독여 곰곰 물어물어 가는 길

마침내 길

어제를 뒤따른 지금의 길
수없이 교차한
발자국 뒤엉켜 종종거렸던
아무도 나서지 않는 낯선 길 위
한 발대죽 한 발대죽 먼저 내딛는
뒤따른 누군가에 길이 되는

사람마다 갈래 진 저마다의 걸음 길
흘러 병병한 강 낮추어야 드는 길목
지나보면 비틀거린 그마저 길이 되고
강이 되어 가슴이 지향한 바다 마침내
어느 함부로 난 길 그저 없는
앞서간 누군가 어제
뒤따른 오늘 누군가 내일은 길
마침내 길이 되는

남문 가는 길

금용사 독경 소리 낭랑한
쇠미산 드는 입구 숲길 이슥한
풀꾹새* 목이 쉬는 묵은 언저리
속울음 일면 찾아드는 어머니 품 같은
푸르고 붉게 품은 샐쭉한 색색은 자리
왁자한 고씨집 족구장 질러
눈물 땀 흠씬 한 비탈진 나절을
묻고 물어 찾아드는 남문 가는 길
울어 눈시울 붉었던 자리
푸러 청청한 단풍 그늘 그 아래
허기진 맘 도란도란 채우는 산채 그중 국숫집
국숫발도 가닥가닥 풀려야 술술 목을 넘는
얽히고설킨 연연하던 산 너끈 지고
목이 메는 물음 물고

답 없이 얽혀드는 나를 달래어
묻고 물어 남문 가는 길

* 뻐꾹새

처음엔 미처 몰랐지

남문 드는 금정산 기슭
단풍나무 새파랗게 꽃눈 뜨는
봄부터 풀꾹새* 짝을 찾아 울던 밤
미처 꽃이 온 줄 몰랐지.
영광도서 복개로 변 은행나무 이파리
썰룩 매미 소리 한창이던 여름 떠난 줄 몰랐고
입추 건너뛰어 입동 앞세운 날
중부지방 서리 내리고 대청봉 첫얼음 얼고야
푸른 저 날개 언젠가 노랑나비 되어 날고
남문 가는 기슭에 움을 튼 단풍나무
그 뜨거운 여름 볕살을
후후 불지도 않고 삼켜 붉은 나비 되어
노을 타는 다비장으로 뛰어들 줄 미처 몰랐고
꽃처럼 흔들리며 부대껴 온 너들 삶
꽃인 줄 처음엔 미처 몰랐지

* 뻐꾹새

간월산 여기

배내골
겨드랑이 바짝 비집고
그렁그렁 하늘이 걸린 영남알프스
웅크린 능선마다 털깃을 촘촘히 세운
거대한 한 마리 산짐승
영취산 빤한 틈새마다 톡톡 몸을 푸는
햇살 빤한 어깨 불쑥치킨 간월산
포효를 삼킨
신불 능선 건넌 사자평 아래
배내골 깊숙이 발톱을 숨기고
등 굵은 사자 웅크리어 예비한
그늘진 늑골을 따라 잔설을 품은 너
거느린 새끼들 곱다시 가느스름하게 실눈 뜬 오늘
마른 가슴 달랑한 배내골 품속은
잔설 속 입춘 맞아 숨을 고르는
풍경 간월산 여기

편월片月

오봉산 둘러 만수산 어깨동무 한
보잠산 허리를 감싸고 발산 재 넘어
쏜살같이 내달려 손 맞잡는 그곳
도읍이 되는 암수 선돌 우뚝 전설로 선
대천들 흘러내려
빤한 자래등 아래 미루나무가 파수처럼
둘러 감싼 탕근배미* 판장방천을 돌아

징검다리 텀벙텀벙 갈겨니** 소풍 노니는
한들 냇가를 활처럼 휘감아 찔레꽃 하얗게
질리는 애 장터 우묵한 송구배미 건너
멀리 달이 넘는 월아산 아슴푸레
매화산 휘감은 떡보 배꼽 아래 용싯들 적시는
진주라 천릿길 남강으로 드는 물줄기
뒤뚱뒤뚱 느린 보 비친 갸웃한 조각달처럼
보리피리 소리 아릿한 반성 옛 이름
쪽 달 고고히 뜨는 편월片月

 * 논배미
** 피라미와 비슷한 종류.

산 여울

만수산 어깨 짚고 보잠산 성큼
앞뜰엔 분꽃 사분이고
뒤뜰엔 산나리 깐들 대는
꽃 지는 소리 따라
끼익 끽 청노루 울음 이슥히
산복숭아 발그레
누이 볼빛 곱게 익는 날
담장 위에 박꽃 푸른 혀를 날름대고
황소울음 우렁찬 아래 귀뚜리 소리 움츠린
골마다 별이 내려 멱을 감는 어스름녘
뽀얀 달빛 아래 속살 아뜩한 것들
멧비둘기 숨어 키득댄 소리 화들짝
반딧불이 깜짝깜짝
별로 뜨는 산여울

개쑥부쟁이

신불산 공룡능선
샐쭉 흔들고 선 개쑥부쟁이
봄살에 내민 새초롬한 입술
봄을 캐던 아낙 보릿고개 무딘 칼끝에
혀끝을 싹둑 잘린 쑥부쟁이
잘린 혀끝으로 소리 한번 못 내밀고
이름마저 빼앗긴 가난한 나라
서리 맞은 민초들 삶이 저랬을
혀 잘린 쑥부쟁이 시퍼런 낫질에 허리 내어주고
앙칼지게 버티던 길섶의 삶을 벗어나
오롯한 새끼 척박한 돌틈 마다하지 않고
반반한 자리 비켜 피는 개쑥부쟁이
다시는 혀를 내어 줄 일 없는
바람에 꺾인들 허리 내어 줄 일 다시없는

돌비랑 칼날 진 틈새 개쑥부쟁이
가을 깊숙하도록 늦게 이름 불러도
살아 버텨야 방긋한 앞날 도모할 날 있을
개쑥부쟁이

바위 꽃

비탈길 질러 오른
가덕도 동묘산 중턱
오롯이 피어든 선연한 바위의 멍
누군가 떠난 뒷자리 한참을 돌아보아도
아물지 않은 상처만 따라올 뿐 흔적 없는
태어난 현생 이전부터 태동한
그의 세월에 나의 시간을 견줄 수 없어
아팠을 그간
꽃 한번 피우지 못했을 시공을 넘은 멍울
누구도 꽃이라 불러주지 않는
서러움 분지른 숱한 금생의 시간
생채기 오랜 자리 오롯이 꽃으로 드는
묵은 시간이 쌓여 꽃을 튼 자국
바위 멍
나의 시간을 얼마나 더 달래어야
그 멍 꽃으로 들 수 있으련

달팽이 집

남문 가는 석불사 드는 입구
상수리나무 대롱대롱 민달팽이
어느 풍문으로 들었는지
기는 놈 위 나는 놈 못돼
날개 이미 꺾인 중년 한창 나절
몸 눕힐 집 없는 민달팽이
민달팽이 목을 내민 분양줄 기웃댄 여태
사글셋방 전전은 밤마다 꿈을 꾸는 집
기어들고 기어 나올 등 눕힐 집이면 될
알몸 가릴 집 없이 민달팽이 쉬어 드는 뒤안길
바람도 비켜 지나는 상수리 숲
암수 서로 둘둘 돌집을 지은 너머
재개발 아파트 불빛 아스라이
총총한 별빛 켜켜이 내려앉는 밤이면

집 없는 달팽이 평수를 넓혔다 줄였다
달팽이 꿈을 꾸는 집

흔들리며 피는 꽃

사부작사부작 잦은 봄바람에 꽃
따신 숨 할딱이며 활짝 핀 바람 앞에
꽃은 달거리도 없는지
달이 차지 않아도 사분대며 앓는 지천

흔들리는 바람에 몸을 흔들어
휘어질지언정 꺾이지 않는 흔들리며 피는 꽃
악착같이 붙던 어미의 삶이 그랬듯
곧으면 부러지는 강한 것 마다하고
위태한 맞바람 맞서 낭창낭창 흔들리며
어미는 온전히 꽃단장 온 것 아니라
치열하게 지기 위해 피었다
그 여름 땡볕 아래 비바람 천둥 번개로 달군

씨알 속 오로지 새끼를 위해
꽃이야 흔들리며 피면되는 것이다

꽃은 자리를 탓하지 않는다

쇠미산 허리 이슥히 감아 도는
길목엔 샐쭉한 남산제비꽃 뒤질세라
촐싹촐싹 현호색 나부댄
그 봄날 지나고 여름 밀려난 가물가물
감감한 기별 끝에 해쓱한 얼굴 내민 구절초
개쑥부쟁이 시샘으로 흔드는 저만치
유난스레 노란 아침을 뜨는 산국 향기
누구도 불러주지 않는 스스럼없던 그 자리
비탈진 벼랑에 야무지게 입술을 깨문 깔깔한 너
자리 탓 않고 앉은 외진 곳 빼뿌쟁이* 옆
꺾이지 않으려 흔들리며 선 낭창한 코스모스
바람 잘 날 없는 어느 하룬들
불러는 보았는가 그대 선 그 자리

자세히 귀대고 보아야 들리는
아무도 불러주지 않는 위태한 틈새마저
꽃은 자리를 탓하지 않는다

* 질경이

바람을 탓하지 마라

꽃눈 뜨는 언덕
시린 골짝을 후후 불며
매화산을 힘겨 넘은 그를 탓하지 마라
바람은 그냥 스쳤을 뿐
매화 향기 멀리 길을 열어 동행이다
꽃눈 품은 어미마다 새끼를 치는
흔들리는 꽃, 불어 바람 좋은 날
흔들리며 지나온 그 골짝 생명들
바람을 탓하지 마라
딛고 선 뿌리 깊숙이 내리는 한창
그 내력 어찌 바람을 탓하리
흔들리며 뿌리 깊숙이 딛고선
바람 없이 홀로 일어서는 것 있던가
넘어져야 스스로 일어서는 몸짓을 아는
구태여 바람의 내공 설하지 않겠네
바람을 탓하지 마라

3부
한철 과메기

떠나는 건 그리움이다

복개천 사거리
국화분 돌확 나란히
무리 지어 알싸한 향기 내뿜는
은행나무 나비로 꿈을 뜨는 노란 아침
빛살 다스려 때깔 곱게 사려 입은
저마다 그 잘난 푸른 날들 으스대며
머금었던 노란 향기를 훅훅 발산하네
비바람 뜨겁던 진득한 날 어르고 달래어
국화분 위 툭툭 지는 노랑나비 아랑곳없이
무서리 내린 코끝 다소곳이 토해내는
국화꽃 맵싸한 소리소리 들어보라
잘나고 못난 색색
색색 곱게 밤낮으로 달구어
노랗게 질리고 붉고 뜨겁게 토해대는
떠나는 것은 모두 향기를 품었네
못내 그리울

다이어트 중 춘자씨

'당신의 전화 한 통이면 죽어가는
아프리카 아이들을 살릴 수 있습니다.'
유니세프 친선대사의 간절함에
까만 말라깽이 젖먹이의 허연 눈동자
더욱 도드라져 오버랩되는 종편 광고가 끝나고

먹성을 넘어 명줄 같은 식량을 분탕질해대는
살찐 뚱보들의 참 아이러니한 먹방 프로그램
지겨운 채널을 돌리면

'굶으면 배고플 텐데'

하이힐 신은 젊은 여자 탤런트 먹으면서 관리 된다는
늘씬한 다이어트광고가 쌈박하게 유혹하는

타인의 시선을 위한 날씬한 다이어트보다
탄수화물 유혹이 먼저인 먹성 결판진 춘자씨
연중 내내 다이어트는 내일부터

송 목수의 꼴값

평창 동계올림픽 지난
메이커마다 발목까지 덮었던 롱 패딩
불티나던 유행 지나고
한물간 구닥다리
헌옷 가게 구석 자리 차지할 아직은
이름값 하는 유명상표 오리털 롱 패딩
상표에 짓눌린 자신의 타고난 꼴값 모르고
롱 패딩에 작은 체구가 파묻혀
구닥다리 명품 패딩이 걸어 다니는 온통
유행 한물간 개성 더욱 간데없는
난전 작업복도 맵시 있게 입는 송 목수
땀 흘린 노동 끝 다부진 몸
상표에 몸을 맞출 것 아니라
뭘 걸쳐도 명품이 되는
잘 다듬은 꼴값 명품이 되는

해묵은 소파

친구 사무실에서 생은 덤으로 데려온
전신 성형을 두 번이나 치른 나의 소파
그에게 게으른 등 뼈대 엉덩이 치근댄 오래
뭉개져 삐걱거리며 관절통을 앓는
아프단 핑계 고단한 내색 한번 없이 버티며
충직하게 기다려주는 나름에는 게으른 내게
고난을 견뎌온 내성을 각인시켜 주는

네게서 어머님의 주름살 굵어 깊었던
뭉개져 닳고 닳은 손금 내색 한번 않으셨던
묵묵했던 자리 너의 자리에서 본다

미생은 시간을 흔들어 가던 빠듯한 여태
삐딱한 뻗정다리 아프단 소리 한번 내밀지 않는
그의 덤에서 묵묵함을 한참 배워야 할
나의 덤 해묵은 소파

황금자원 개미허리

찔꺽거리는 녹슨 손수레 위
어느 노숙인 간밤의 허기 덮었을 일간지
소외된 삶은 안중에 없는 보수니 진보니 하는
좌 우파 드러낸 정치면 널브러진 이빨들
불경기 손님이 없다 툴툴대는 보스턴 제화 앞
개오동 가로수 타 오르내리는 개미들 닮은
다급한 구급차 소방차 잉잉댄 소리 아랑곳없이
질서 정연히 먹이 물어 쟁이는
젖은 날 빼고는 맨날 호경기 황금자원 고물상

바지런 들락거리는 지하철 출구 구석진 자리
밥그릇 쌈질에 이빨 널브러진 조간신문들
노숙인 등 젖을 일 없는 마른 날이면 충분한
굽을지언정 꺾이지 않는 고물상 황금자원
개미허리들

어찌 치통뿐이랴

근 달포를 생 두통 이어
덧씌운 어금니가 불쑥 솟구치는 치통
감내할 수 없는 버거운 통증으로 중앙치과
차 원장님 회생 불가 판정 도리 없이 두 번째 뽑는
어금니의 깊은 저항
그 저항을 모른 치통을 앓던 며칠
그의 희생 없이는 혈압이 뇌압 치솟았을 아찔한

송이째 뚝뚝 져 내리는 동백꽃 자결 같은
손 번쩍 든 그들의 항변
그들의 반항을 통해 추스른 이빨 짓 어디 그뿐이랴
일제 강점기에 그랬고 4.19를 거쳐 10월 유신이 부른
부마항쟁 군홧발 아래 군부 통치 광주 민주항쟁 그랬다
앞서 저항한 선지자 없이 온전한 오늘 턱도 없었을
어떤 것도 희생 없이 얻어지는 것 없는
오늘에 이르는 그 값진 반항
앓고 넘어야 할 몸살이었어 꽃 몸살 같은

대상포진

요로에 사리가 틀고 앉은 줄
꾹꾹 찔러오는 오른쪽 사타구니
비뇨기과 x~ray 퇴행성 척추협착증 오진
투약 처방 3일

대칼로 후벼 발골拔骨 되는 통증
의원부터 종합병원 응급실 연이은 오진으로
전문치료제 투약 일주일이면 완치되는
산통보다 더 극심한 통증 대상포진 앓고
엉덩이 물집 오른쪽 발바닥까지 타 내려간
오진으로 때를 놓친 대상포진 그 후유증
평생을 간다는 아찔했던 그 날

격려 안부들 그랬네
슬픔은 나누어도 건강은 대신 할 수 없다는
대상포진보다 독한 내성이 몸에 밴 생의 오진
송두리째 눕지도 앉지도 못한 눈뜨고 설친
까마득한 밤낮을 꼴아 몇 날이었나

인연

풀무질한 용광로 벌겋게
몸을 풀어 옛 이름은 용해되고
나긋이 귀를 열어 얻은 귀하디귀한 이름
바늘

꽃으로 벌어
씨알이 벗어놓고 간 햇빛 머금은 목화솜
꽃이 발버둥 친 물레질 그 궤적을 닮아
단단히 귀 물고 바늘 이끄는 대로
수양버들 늘어진 베갯잇 아래
원앙 한 쌍 금슬로 노니는
물망초 푸른 순정 옥양목 마음자리
오롯한 순백의 하얀 손수건
따라 닿는 마디마다 그 인연 한 땀 한 땀
어떤 꽃으로 피어날지 새치름한 오늘은
그대 모르니 나도 모르오.

죽은 '척'

부전 시장 어물전 난장
갯벌을 안마당같이 들락거린
눈을 꼬드기는 '기절한 낙지'
좌판 위 '죽은 척 문어' 퍼질어누운
죽은 문어가 벌떡 일어날 기발한 문구
재치로 제값을 챙기는 끌린 입맛은 덤이라
팔딱거리다 먼저 정강이 까이는 놈더러
어디 없이 잘난 척 값을 퉁기던
곧으면 부러지고 모나면 정 먼저 맞는
모난 돌도 철 지나면 나긋나긋 모를 삭여
사연마다 버티어 온 뭇 생명줄들
척 없이 버텨내지 못했을 나긋나긋
숙여야 부러지지 않는 기절 한 '척'
숨을 죽여야 살아 버티는
죽은 '척'

부전시장 마약 김밥

부전시장 마약 김밥집 다섯 아줌마 손끝에
1,700원에 돌돌 말리는 김밥 한 줄
말고 있는 속 얕보면 김밥 속 터질지 모르는

동지섣달 갯벌 김발 징 하게 건져 올린 김 톳
농부의 땀으로 거둔 찰진 밥 한 움큼 퍼질러
아삭 익힌 단무지 가닥 길게 눕힌
계란지단 옆 볕살 물고 온 채 썬 당근 당차게
대동 모래톱 깊숙이 숨을 고른 우엉 나긋한 곁
소시지 길게 눕혀 갯바람 번뜩이는 송정 황토밭
납작 엎드렸던 시금치 이불 덮어 단단 속 채운
돌돌 말은 김밥에 대한 예의 아니네요

저녁 먹으려 펼친 석간지 정치면 보수 진보
서민 목구멍 안중에 없는 뻔한 구라, 에라 염병할
허기 채우던 김밥보다 먼저 내 속 터지는

한철 과메기

푸른 등빛 날렵하게
이승을 거스른 그 잘난 꼬리질 나대다
그물코에 된통 걸려들었던 청어던 꽁치였던가

조급한 성깔 폴딱거린
비려 거들떠보질 않던 눈을 꿰인 후
폭풍 앞 혹한의 도반 줄줄이
등뼈 발려 뚝뚝 기름져 죽비 맞던 몸
볼기짝 얼얼하도록 모진 해풍에 건들건들
뻣뻣한 성깔 달이 반쯤 차도록

온 몸을 던진 뼈를 바른 보시
그 농익은 선정 끝 꼬들꼬들 입맛 돋는
동해 칼칼한 바람에 나긋나긋 성장통 앓고
철이 드는 등빛 푸른 포구
과메기도 한철

멸치 신세

등뼈 야무진 젊은 날것들
물때 거슬러 바다를 거스른 소요
자유를 갈망한 형벌 끓는 가마솥 고문 거쳐
건조장 그물 위 저항을 촘촘히 속박당한 채
중개인 눈대중에 대충 매긴 몸값
꿈꾼 바다를 잃고 공사판 날품처럼 팔려
팔도각지 건어물 전 좌판 위
가장 균등한 세상을 저항한
반상 가릴 것 없이 나긋이 눕혀진 멸치

지느러미 꿈질 한번 펼치지 못했던
오로지 새끼를 위해 박제 당한
억척은 아비들이 그랬을 등 굽은 군상들 지금
좌판을 칠성판 삼은 뚫린 천막 사이
빠끔한 하늘을 힐끗 이는 마른 떼 멸치
지느러미 접질리면 너 나 없이 이름 잃고
파장엔 멸치 신세 영락없다

개똥참외

먹다 버린
개똥참외 속 품었던 씨
하수구 언저리 붙들고 떡잎을 틔우는
위험천만 저 아찔한 발아

다급하면 지푸라기라도 혼신 붙드는
생과 사 갈리는 본능적 목숨줄 매달리기다
온전한 것 혼신으로 뿌리내리는
종족 번식 본능적 이치를 더듬어 그렇다
생존 호락호락하지 않는 것
돌고 도는 삼라만상 떠도는 존재의 바다
한 번도 마음껏 자신의 바다를 품은 적 없는
감당하기 버거운 깊이의 바다를 안고서
멀미에 기대어온 간당간당한 자맥질

까칠한 목마름으로 붙던 살벌한 우리네 목숨줄
널리고 널린 발아 개똥참외뿐이랴

4부

아버지의 말뚝

아버지의 말뚝

개냉이 쑤군대는 논두렁 비켜
햇살 반질한 방천 말뚝에
지난 장날 윗집 졷식이네 사들인
팔랑 귀로 어미젖 덜 땐 새끼염소
어미 부르며 말뚝에 매인 그날 이후
그 말뚝 생이 될 줄 몰랐던
말뚝을 벗어나려 기를 쓸수록 점점 줄어
말뚝의 반경에 저당 잡힌 생

작금의 아비들 그렇다

어느 함부로 범접하지 못한
중심자리 높게 아버지로 불렸던 이름
허리 접질린 언제부턴가
새끼의 눈치를 살피는 말뚝
손자 손녀는 그러려니 반려견에도 밀리는
서열 희미해져 가는 이 시대 아비들
헐렁해져 언제 뽑힐지 모를
가장 느슨해진 말뚝. 아비

꼰대

아래위 서열 스스로 익혀 삐댄
희끗희끗 백발 선선한 6.25전후 세대
줄줄한 형제자매 생존의 틈을 비집고
잘 키운 아들 하나 열 아들 안 부럽단
산아제한 혼돈한 세뇌정책에 휘말려
새끼 입에 먹이 나르는 아버지 어머니
존칭 잃은 엄마 아빠란 서열로 살다가
치부된 꼰대
꼰대들 일터 앗아가는 새끼 또래들 사정없고
요양병원 대기 번호표 코앞 진보 보수 깃발 아래
줄 세워 끌려다니다 쓰임새 다해
여차하면 버려지는 노곤한 이 시대 어미 아비
내 새끼 귀한 줄로만 키운 오늘을 내다보지
못한 업보
아버지 어머니란 존칭 벌써 도태당한
스스로 생각에 결린 자해 같은 멍에
아버지과 아비속 꼰대

순이 아부지의 봄

'보~옴 날은~간다'
순이 아부지 흥얼흥얼 귀갓길 늦은
설렌 가슴엔 벌써 봄 모락모락 피었는지

벼락같은 새벽 노동판 일당바리 잡부
하루하루 날품으로 오로지 새끼들 봄을 찾으려
된 바람 맞서서 보드라운 봄은 하마나

'더~러 번 세상 퉤~에 퉤 ''에라 뒈질 놈의 세상'

현 세태 맞서 탁배기 두어 잔에
서릿바람 알싸한 귀싸대기에 고래고래 삿대질해댄

삐 뽕 삐 뽕
위태한 앰뷸런스 소리 멀어지는 아스라한 사이로
앞으로 두어 발대죽 뒤로 한 발대죽 입춘은 올 듯 말듯
순이 아배 삐뚤삐뚤한 봄 봄 봄
어깨 혹독한 아비들 말캉
봄날은 간다

COVID-19

뭇 생명
처절한 생존을 위한
보이지 않는 아주 미세한 반항

흐트러진 질서를 찾으려
붉은 몸살 스스로 자정에든 푸른 별
아주 작은 COVID-19

작다고 얕본
강펀치 아닌 COVID-19 미세한
꽃방귀 한방에 힘 한번 못 쓰고
추풍낙엽처럼 골로 가는 오대양 육대주
오만한 대륙을 넘어 인종과 국경 상관없이
뭇 믿음의 기도도 돌려세운
침묵의 정화에 든 절체절명의 푸른 별

COVID-19 작다고 함부로 얕보지 마라
타는 몸살 간당간당한 지구별
푸른 생존을 위한
처절한 자정의 몸부림이다

흉기

보이지 않는 흉기는
어느 때 어느 모습으로 올지
속내 드러내지 않아 몰라서 두려운
생명을 잇대는 의사의 칼
사람을 해칠 수 있는 강도가 쥔 칼
전혀 초래하는 쓰임새 다른
누구나 하나씩 가지고 있는
무거운 침묵만큼 두려운
제때 맞추어 잘 다루어야 할 칼
다급하다고 날을 잡고 세우면
스스로 다칠 수 있는
상대를 죽일 수도 살릴 수도 있는
아는 사람은 함부로 다루지 않는 칼
보일 듯 숨기고 있는
보이지 않는 칼
세 치 혀 흉기

갑에게

나라의 주권은 국민으로부터 존재하는
국가와 국민 따로 쪼개질 수 없는
불가분 갑과 을 어느 한쪽만 존재할 수 없는
생존의 목줄 서로 잡아당기는

개밥그릇 덩그런 말뚝
목줄 매어놓고 갑이라 우기는 하도 얄궂은 세태
갑 없이 을 없고 을 없이는 갑의 자리매김 없는

같은 을 속 갑질하는 것 보래
그중 결판진 밥그릇 두고 제 그릇이라 우겨대는
차라리 갑의 갑질이면 당연하겠거니
주인이 주인이라 목청껏 소리 한번 못 내미는
개밥그릇보다 못한 빈 그릇 던져놓고
목줄 틀어쥐고 누리는 갑의 자리
을 있을 때 잘해라
을 없는 갑 자리 턱없다
알기나 할까

바람의 나라

무리 지어 태극기 흔들며
우르르 일사불란한 광화문광장
주인이 회수한 기득권을 되찾자는
생때같은 생각 한 무리
개체의 독립성이 거세당한
바람을 거슬러 깃발 세우는 그들만의 공화국

새로운 질서를 갈망하는 맞불 열기 뜨거운
우르르 쏟아져 나온 맞바람 나부대는 또 다른 무리
대법원 앞 여의도에서

지나간 영광의 바람과
새로운 영광을 도모하는 바람 앞에
한 발자국의 영광도 나아가지 못하는 바람 앞 공화국
배려와 분별력은 살해되고
필살에 살벌로 응수하는 각자도생

국민을 빙자한 구차한 바람을 잡으려 마라
깨어있는 바람은 언제나 새롭게 불어오는
바람의 나라

여의도 봄 가맣다

활짝 눈꽃처럼 벙근 여의도
벚꽃 잎 휘날리는 의사당 앞 봄밤
꽃이 지는 몸짓에 화들짝

멀리 개 짖는 소리 언뜻

벚꽃 내음 분분할 아침
개들이 싸지른 천지 개똥 차반
아무도 거들떠보지 않는 여의도
저기, 노란 조끼 안전띠 두른 청소부 아저씨

헐~
'이런 개 같은 놈들 쌌으면 치우기나 하던지'

간밤에 싸질러댄 조간신문 정치면에
벚꽃 잎 살포시 내려앉는
해가 들지 않는 개집은 텅 비어있고
청소부 아저씨 비질에 욕질 잦으실
여의도 봄 가맣다

개 같은 놈 천지

지나치면 길길이 짖어대는
집 잘 지키라 매어놓은 옆집 누렁이
족발 뼈다귀 던져 준 그 날 이후
살랑살랑 꼬랑지 흔드는 꼬락서니 영판
통행권 쥐고 치근대는 개 같은 놈

친구 상인이 술 먹고 귀가한 어느 날
집사람 타박 소리에 무심코 뱉은 한마디
'앞으로 술 먹으면 내가 개새끼다'
그 날 이후 술 먹는 저녁이면 우린
친구 따라 개 같은 놈 되고

일간지 정치면 개점휴업 국회의사당
돼먹지 못한 버럭 질에 세비 꼬박꼬박 챙겨
주인 몰래 특활비 꼬불치는 대문짝만한 뉴스
이전투구 쌈질 맹견교잡종을 진돗갠 줄
잘못 뽑은 나도 천생 개 같은 놈
온통 개 같은 놈 천지

침묵의 함성

담장을 기어오르던
입을 다물린 푸른 담쟁이들
저 수평 하늘을 갈망한 버둥질로
금단의 절벽 앙칼지게 새겨놓은
얼룩 고양이 할퀴고 간 매화무늬
선명한 담쟁이 발자국

잡힌 발목을 자르지 않고는
더는 오를 수 없었던 자해 흔적 선연한
팔다리 비틀린 저항 간당간당한 목숨 걸고
앞섰던 담쟁이들의 처절했던 항거
뜨거웠던 그 함성은 시들었지만
빨갛게 타드는 다비장 불구덩이
기어오른 붉은 담쟁이 침묵 속
저 다물렸던 함성들
익어 더욱 뜨겁게 들리는

붉은 담쟁이

새파란 촉수 더듬어
비바람에 천둥 번개 뜨겁던
새파랗게 뜬 밤낮 수없이
거친 숨 학학대며 기어오른
인고의 흔적 고스란한 선명한 발자국
나아갈 자리매김 수직의 상향선
푸르른 들숨이 붉도록 날숨 토하고 토한
더는 오를 수 없는 여정의 경로
앞선 수행자의 손짓에 뒤따른 도반처럼
허공에 걸린 꿈 눈이 붉도록
눈 푸른 담쟁이 벽을 오르며 다다른
뜨겁게 갈망한 생의 길 끝
담쟁이도 때 되면 붉게 익어
뜨겁게 불사르는 단풍
보라 저 장렬한 열반

어이 친구

아무 식당에 팔지 않는
오래 묵은 참 편안한 된장 맛 깊은
하루 이틀에 숙성되지 않아 백화점이나
슈퍼마켓 만물상에서 돈으로 살 수 없는
해묵은 세월에 곰삭은 기별 없이도
말없이 어깨 툭 치고 다가올 그대
희미해져 가는 구멍가게 미닫이 기억 밀치고
비 메이커 또 뽑기 번호표 빼꼼히 열고
언제라도 빙긋 웃고 나올 참 편한 얼굴

술은 오래 묵을수록 향기가 깊고
오래된 그대는 멀리 떨어져 있어도
가까이 가슴에서 삼삼하게 익어가는
어이 친구

5부

꽃몸살

겨울 나목

동지 며칠 앞날 참 추웠지요
중부지방 서울 영하11도 체감온도 오르내린
당신은 괜찮은지요
저는 올 동짓날이 애동지*라 뜨거운 팥죽을
쑤지 않아도 견딜 만하네요.

팥죽을 먹지 않으니 더는 나잇살 먹을 일 없는
피 더운 젊은 날들을 팔팔하게 토닥여 삽니다.
당신도 괜찮겠지요.
추우시다면 뜨거운 동지팥죽보다 펄~펄 끓던
지난여름을 불러다 후후 불며 견디세요
동지섣달 긴긴밤 아침은 한참 느리게 올 거예요
긴 밤이 춥고 외로우시면 제 체온이라도 드릴게요

섣달 어둠 깊은 것은 더욱 밝은 따뜻한 봄 올 줄
이미 알고
동짓날 언저리 당신은 진작 발가벗었네요

* 음력 11월 10일 이전에 드는 동지

춘삼월 꽃몸살

춘삼월 불어오는
잦은 바람에 벌 나비 벌고
바람에 기댄 새끼 벙글어
더 멀리 새끼 쳐 보낼
바람에 몸 흔들대는 꽃

벙긋이는 봄날은 너무 빨라서
빛살 닿는 싹 눈마다 꽃 터지기 가쁜
가지마다 꽃몸살 파르르 파르르
성장통 앓는 춘삼월 꽃바람에
깃대 높이 귀를 열어 안부를 묻는
소문마다 실려 오는 풋 몸살 끙끙
그 몸살 어찌 꽃에만 있던가
개냉이 수군대는 춘삼월 풍문에는
어디 없이 풋 몸살 지천

꽃몸살

아스피린 몇 알엔 턱도 없던
다스려지지 않던 몸살 며칠
라면 한 가닥도 스치기 버거운 통증에
어금니를 발치 하고야 생 몸살을 떨치네
갈구지 않아도 될
나댄 이빨 깃에 흐물흐물해진 잇몸
어디 잇몸뿐이랴 작은 오류와 객기의 시행착오
내 몸 둔 세월 곳곳에 마음 지고 몸살 져
우유부단해 옹이진 삭신

어느 하룬들 흔들리지 않고 핀 꽃 있을까
한때는 꽃같이 익으려고
앓으며 사랑한 상처 마디마디 깊어서
아스피린 몇 알로는 다독일 수 없어
온몸으로 익어가는 한 걸음 한 걸음
발대죽 마다 핀 꽃몸살

봄 오는 길목

쇠미산 봄 오는 길목 이슥히
생강나무 바글바글 노란 게거품을 물고
연신 종소리 흔드는 현호색 왁자한 산야

짤랑짤랑 걸음마다 배시시 눈웃음 꼬는
가녀린 남산 제비꽃 살랑대는 어깨너머
오리나무 할딱이며 연초록 날숨을 토하는
봄 바스락한 길목

사뿐한 버선발 서둘러 걸어 내린 참꽃 언뜻
후줄근 목련 하얀 목덜미 햇살 매끈하게 꽂히는
풀꾹새 짝을 찾는 수풀 너머
이슥히 걸어 들어간 장끼 꽁꽁 키득거린 간간
봄 오는 길목마다 헛기침 소리 흠흠
화들짝 온통 꽃 몸살을 앓는

영등 할미

오후 2시 부암동 W스퀘어 결혼식장
신랑 신부 입장 앞서 차려입은 한복 곱게
결혼식 등촉을 환하게 밝히는 양가
친정 어미 되고 시어미 되는 그녀들

꽃피는 서낭당 고개 산 제비 날아 넘던 날
친정 나들이 한껏 달뜬 그녀들 사설 풀어 쑤군댈
빵빵한 수다에 시누이 입술 샐쭉댈 귀 닫고 3년
입 닫고 3년 살피던 그이들 들어도 못 들은 척
내숭을 떠는 그이들의 그녀들

시 어미더러 딸 속내 챙기는 친정 어미 되고
딸 시집살이 챙기는 친정 어미도 며느리 앞 시어머니
새옹지마 자존심 잔뜩 웅크린 그녀들의 속내 도통
시어밀까 친정 어밀까
음력 이월 꼬장꼬장한 성깔로 잦게 부는
꽃샘바람 앞세워 영등 할미 될

언뜻 봄 들겠지요

꽃 흐드러진 봄으로 다가온 그에게
나도 가만가만 봄으로 다가섰습니다
고깝게 돋은 꼭 일곱 봄날의 날갯짓은
깨어나지 못할 아픔 같아 겨울에 묻었습니다.

꽃이 져 묵혔던 팔 하나가 뚝 부러져 나가는
불길한 꿈속 같은 봄밤의 아픈 기억과 함께
꽃이 떠나고야 봄이 떠난 줄 알았고
봄이 진 시린 밤은 아스피린이나 해열진통제로는
턱없는 풋 몸살 앓은 오래오래

그 아픔에 짓눌린 아린 손가락 마디마디
사연들은 벌써 지워졌고
꽃잎의 세세한 기억들이 더 아려오는 것은
더 큰 봄을 만나면 저절로 지워져 그 접질린
기억 어렴풋해지면 언뜻 봄이 들겠지요.
언제 그랬냐는 듯

훔쳐온 봄

동백꽃 송이송이 울컥 토한
날숨으로 뿜어 올린 솜털 보송한
햇쑥과 함께 새벽차를 타고 와 나앉은
냉이달래 첫물 보약 정구지*
시장 난전 굳은살 깊은 손끝의 내력으로
매화 향 알싸한 양지 켠 코딱지 닮은 광대나물
기척은 몸짓에 서둘러 몸을 푼 야들야들한 봄

손주들 코 묻은 용돈을 사려는 시장 난전 어귀
등 굽은 할미들 쪼글쪼글 주름진 손끝으로
햇살진 촉 더듬어 훔친 잠이 들깬 봄 수북이
볕살 뒤뚱거리는 담장 아래 고양이 발대죽 따라

살금살금 봄을 토시는 냉이며 큰개불알꽃 보드란 자태
아장아장한 음력 이월 영동 할미 보다 서두른
부전시장 봄나물 소쿠리 속 꼬박꼬박 졸고 있는
할미들 훔친 봄이 먼저 오는

* 부추

강산농원 봄이 피는

가화천 옛 삼계 다리 건너 매화꽃 반질한
굽이진 길 꺾어 대숲 살랑 넘어 들면
시절 두고 들앉은 강산농원 친구 박군
시 구절 풀어놓은 진양호반 꽃샘 꽁꽁 앓는
목련꽃 희디흰 목덜미 첫사랑 기억 삼삼하고
산까치 울어 마중한 눈을 뜨는 호반 호젓이
사랑을 달뜨게 뿌려댄 물안개 희뿌연 무대 한껏

물 비린 몸짓에 그윽한 실루엣 블루스로
착 안기는 날이면 멀리 개 짖는 소리 살랑대고

넌지시 부른 이름마다 꽃눈을 뜬 배시시
어쩔 줄 몰라 입꼬리 헤벌쭉 귀에 걸리는 이내
한껏 탱고 가락 신명에 와락 안기는 서울제비꽃
칭얼대는 기척마다 살포시 낯을 가리는
시처럼 봄이 피는 호반 강산농원

흔들리는 봄날

이충무공 장검 쥐고 지키고 선
광화문광장에 봄 올 듯 말듯이

성조기에 기댄 태극기 흔들며
기득권을 놓쳐버린 낡은 보수가 지나간 자리
비정규직에 정규직 진보의 배려는 턱없고
봄 바라기 서로 싸리하게 대치한 가슴가슴
남녘 설중매 꽃눈 뜬 소식 엿듣고
하마나 봄이 온 줄
풍도 바람꽃 서둘러 노루귀 쫑긋 세울
어둠이 짙을수록 아침은 더욱 밝아오듯

정규직과 비정규직 봄을 바란 다급한 가슴
소외돼 실직한 소쩍새 주린 봄 더러 있다
더딜지언정 설렌 가슴을 열고 올 모두의
봄날을 너희들만의 봄으로 쉬 흔들지 마라

어느 봄날

사부작사부작 유채꽃 나비로 날고
물안개 흔들리는 희뿌연 실루엣 너머
풀꾹새 짝을 찾던 소리 머츰한 나절

배시시 버들개지 실눈을 떠
아지랑이 살~강 살강 봄 치마 치켜들고
산모롱이 돌아 자운영 질펀한 들을 질러서
꽃을 벌어 꿀벌 잉잉거리는
앞산 기슭 참꽃 볼짝을 막 붉힌 날
사랑을 앓는 소리 꽁꽁 장끼 소스라쳐
솟구치는 날갯짓에 떨어지는 새파란
청보리 풀 비린내

진작 봄은 기억 저편을 건너와
유채꽃 하늘대는 풀 비린 몸짓으로
풀꾹새 짝을 찾아 풀~꾹 풀~꾹
부대끼는 마다 사랑을 앓는 봄 봄봄봄

그 봄날

연지곤지 찍고
꽃가마 타고 시집오시던
서낭당 곱게 넘으시던 그 봄날
꽃 같은 걸음걸음 고이고이 접어서
노을도 유유히 건너시던
어머님 밟고 오신 곱다시 고운 그 봄날
어머니 건너신 뒤에도 언뜻언뜻
그 봄 아뜩해서 더욱 서러웠던
오지 않을 봄이면 기다리지 않았을
찰나같이 선걸음에 떠나던 봄
굽이진 시절 돌아 다시오면
그 봄 다시 볼 수 있을까요
동백꽃 송이째 뚝뚝 져갈
봄날 고운
그 봄날 고와서 더욱 아찔한

봄에는 꽃멍울

바람의 기별로 일어선
얼떨결에 화들짝 꽃눈을 떠
불러 세우지 않아도 터뜨리는
바람 앞에 꽃 자지러지고
기별로 일어선 바람에 향기 멀리멀리
더 멀리 새끼 쳐 보낼
포연 속 봄은 더 붉었고
진압군 발굽 아래 꽃 자지러졌던 더욱
최루가스 매캐한 속 꽃멍울 더더욱 아렸던
꽃의 마음을 헤아려 잦게 부는 바람 앞에
사분사분 흔들리며 자지러지는 꽃내
온통 꽃향기 분분한
일어서는 가슴마다 울먹울먹
봄에는 달도 차지 않은
새끼를 앓는 꽃멍울 지천이다

마당을 쓸면서

정갈하게 쓸어놓은 마당
계단을 내려서는 순간
어디서 날아든 낙엽 하나
싸리비로 쓸어 논 개운한 마음 잠시
들숨 마중할 날숨 뱉을 틈 없이
끓는 기름에 물이 튀듯

'이런 쉬~펄…….'

저 낙엽만 없으면 더없이 깨끗할
쓸고 또 쓴 마당 멍하니 내려 본 찰라 같이
그렇다 싸리비질 단번에
대비 된 '더없는 깨끗함'을 보질 않았는가.
생각 깨우기 나름엔
세상 이치 한 치 오차 없는
성깔 낸 뒤통수 화끈거리는

후기

1.

"달집에~ 불이야"
"어떤 놈이 싸질렀어, 달도 아직 안 올랐는데"
왁자한 소리소리 하늘로 달집 활활 타오르던 엊그제 같았던 유년이 이순 중반을 넘긴 한참입니다. 기억 사부작사부작 걸어 나와 쇠 덕석 같던 가슴 새가슴으로 삭아져 콩닥거릴 때도 있던 날들 더러 자운영 목젖 깔깔하게 웃어 넘는 물뱀같이 꾸불꾸불한 들길 휘저어 별을 쫓아 내닫던

일곱 남매 아래위 생존서열 알아서 길든 두레판 둘러앉아 노란 부리 내밀고 아버지 지게 짐으로 먹이 물어 오시면 어머닌 보드랍게 오물거려 골고루 주린 입을 쓰다듬으셨던 봉긋하던 젖가슴 쪼그라들어 콩밭에 납작하게 누우신 어머니
열차의 기적 소리에 시간을 걸어놓고 강산도 변하고 남을 꼬박 12년 새벽밥을 지으셨던 통학 열차 놓칠라 하루도 거르지 않은 바지런 하셨던 어머님 손끝, 곁이셨던 아버진 지척에서 내내 힘힘 이셨던 칠 남매 벅적대던 옛집 까치 발

돋움으로 평생을 새끼들 기다려 솟대로 굳으셨던

　새끼들 동서남북 걸음걸음 무탈을 빌던 정화수 맑은 장독대 반질 하도록 깨물어 열 손가락 아프지 않은 손가락 어디 있었던가요.

　안방 방문 위 걸렸던 할아버지 웃음 반반하셨던 모습을 그대로 닮아버린 머리 허연 내 태어난 고향집 옛집 찾지 않는다고 오른쪽 기둥에 원불사란 현판 걸고 단단히 뿌리 난 고향 집은 팍삭 늙어 토라져 앉은 지 오래

2.

　개쑥부쟁이

　갸웃 얼굴 내민 신불산 공룡능선 흔들리며 힘지게 넘는 앙칼진 개쑥부쟁이 호락호락하지만 않은 혹독한 세상살이에 살아가는 것 아니라 살아내는 것

　봄을 캐는 아낙 칼끝에 혀 싹둑 잘려 입 다굴려 시퍼런 낫질에 허리 내어주고도 오로지 새끼를 위한 몸짓 혹한기 같은 생 아니었던가,

　도를 얻으려 살지 않았어도 살아내면서 저절로 속절없이 얻어지는 도량 깊은 삶의 길을 닦았습니다. 끙끙 앓으며 가

는 그 속에도 앓아야 꽃으로 들고 평탄한 길섶 피해 칼날 진 틈새 더욱 앓고 여무는 사연 더러 숨었었습니다.

쪽빛 바다를 비켜 간 뻘밭에도 때 되면 정화되고 순응하는 생명줄 줄줄이 뭍이 된 사연 뒤엔 바다가 되어간 이력 있었고
닳고 닳은 손 마디마디 굳어서 옹이 지고 꽃으로 드는 뭍이 떠내려가 바다에 들면 섬이 되고 바다가 육지로 들면 강구되는 눈 푸른 도반같이 어깨 서로 내밀어준 뻘밭에 생명줄 같은 그 결기로 건넜던 토영 친구들 눈꼬리 치키는 웃음 아직 삼삼합니다.
아재요 김밥 사이~소 충무김밥! 그 소리 쟁쟁한 통영 강구 앞 말뚝 걸음 내밀어 평수를 넓혀 볼락을 굽던 포장집 휘장 아래 찰싹찰싹 와 닿는 푸르디푸른 바닷물 폴딱거리는 소리 아련히 이직도 머물러 있습니다.
그 세월 귀 열어 들리는 온전히 깨침이 되는 줄 아는 이순도 중반을 한참 넘은 칠순 치닫는 근방
아직도 할 것 많은 것 같고 이룰 것 많을 착각에 살지만 돌아보면 한 것 없고 이룬 것 하잘것없는 팔팔한 청춘은 가고 체념에 드는 이순 줄 간당간당 익어가는 회한 깊은 연륜들

3.

  과메기 한철 같은 혹한 앞에서
  그친 풍랑 거침없이 바다를 거스른 꼬리질에 감당할 수 없는 깊이의 바다를 자맥질하고 버거움에 토하고 토해낸 성찰의 바다
  어느 것 없이 죽비 맞는 고행을 건너야 나긋이 익은 숙성 끝에 다시 찾는 이름 절체절명 위정자들 빼앗긴 나라마저 그랬다.
  동백꽃 순결같이 송이째 뚝 저물어 간 저항으로 백성들 되찾은 일제 강점기 때 그랬고 4.19를 거쳐 10월 유신 이어진 군홧발 아래 군부 통치 들불처럼 일어난 부마항쟁이 그랬고 광주 민주항쟁이 그랬습니다.
  IMF 국가 부도 위급할 때 나리님들 특활비에 세비 꼬불쳐 여차하면 해외로 튈 다급했던 나라
  손자 손녀 코 묻은 돌 반지 팔아 서민들 나라 되살릴 때 권력 휘둘러대던 상전 같은 나리님들, 이름 없는 백성들 눈 부릅떠 살린 이 나라 있기까지 혹세무민했던 그들 뭐 했는지 다그치고 싶은 혹독한 시절 앓고 넘어선 오늘이 있습니다.
  담쟁이도 때 되면 익어 붉은 불구덩이 다비장 들듯 푸르른 날 그 함성 더욱 익어 들리는

앞서 저항한 선지자 없이 온전한 오늘 턱도 없었을 그 아비들 지금 등 굽어 허리 접질린 이후 아버지란 호칭 잃고 요양병원 번호표 순번 버티는 종각엔 건어물시장 좌판을 칠성판 삼아 누일 영락없는 멸치 신세

4.

아버지의 말뚝 깊이 박힌 자리
가부장 시대 익숙해 아무도 함부로 범접할 수 없었던 근엄한 집안의 기둥 자리 아비들 이름 자리 그냥 자리 아니었습니다.
희붐한 미명 같은 시절을 뜨겁게 달구고 견뎌온 좌와 우 치열함 속 국민 안중에도 없는 저들만의 세력다툼 보수와 진보 깃발 아래 휘말려 쓰임새 다하면 사정없이 도태되어 한철 같이 휘둘린 봄 벚꽃 몸살 같은 숱한 날들 앓고 넘어야 지금의 이 시절 있기까지 그 몸살 깊었던 날들

잘 키운 아들 하나 열 아들 안 부럽다는 보릿고개 정책 아래 둘만 낳아 잘 기르자는 전후 세대가 낳아 기른 새끼들
버르장머리 없긴 할아비 수염 뽑고도 남을 짓거리에도 바람 불면 넘어질세라 내 새끼 귀하고 귀한 줄로만 키운 업보

손자 손녀에 자리 밀리고 반려견에도 순번 밀리는 이 시대 아비들 관절이 삐ㄱㅈ거려 아파도 아프지 않은 척 아무 일 없는 척 아들 며느리 눈치 살피며 발대죽 소리 낮게 움츠리는
　아비들 설 자리 없는 언제 뽑힐지 모르는 가장 느슨한 말뚝 지금 아비들 자리

5.

　꽃몸살 같은
　바람 불어 흔들려야 뿌리 더 깊이 내리고 넘어져야 스스로 일어서는 몸 올차지 않던가요. 더딜지언정 모두의 봄날을 기다려 풀 비린 몸짓으로 올 할미들 훔친 봄이 먼저 오는 어느 하룬들 흔들리지 않고 피는 꽃 어디 있었습니까.
　부러지는 꼿꼿한 것 말고 낭창낭창 흔들리며 부러지지 않는 유연한 몸짓으로 품어 새끼 멀리 치고 가는 꽃이지요. 그 모성에서 어머니를 보았고
　새끼 앞 꺾이지 않으려 스스로 눕는 잡초 같은 아버지의 등 곰곰한 이순 줄에 어떤 것도 희생 없이 얻어지는 것 없는 등짐너머 아버지의 큰 언덕을 보았습니다.
　몸살 같은 아버지의 등짐에서 그 몸살 아스피린이나 해열진통제 몇 알로는 턱도 없는 천둥 번개 진득한 여름 볕살

로 익어 넘는 온통 꽃몸살

  풋몸살 같이 지나간 시절 되돌아봐도 썩 내키지 않는 이미 접질려져 버린 청춘, 되돌릴 수 있다면 산산이 부서져도 좋을 이름 후회 없이 뜨겁게 부딪혔을 때를 놓쳐버린 꽃몸살.

  활활 황혼빛 붉게 타드는 아비 자리 흔들리는 뒤통수 꼰대로 불리는 세태

  단단한 아버지의 언덕으로 불리지 않아도 괜찮습니다.

  야멸찬 시대 꼰대 아닌 어르신이면 다행한, 아비로 불러줄 바램으로 노루 꼬리만큼 짧은 꽃몸살 앓는 개쑥부쟁이로 후기 갈음합니다.

배순석 시집
개쑥부쟁이

지은이 ‖ 배 순 석
펴낸이 ‖ 김 보 한
펴낸곳 ‖ 시계詩界
등 록 ‖ 2010년 3월 23일, 제533-2008-1호
주 소 ‖ (53057) 경남 통영시 명정 2길 12(명정동 474-7)
전 화 ‖ (055) 642-9530. 손전화 010-4594-3555
E-mail ‖ sigepoem@naver.com
초판1쇄발행 ‖ 2022년 5월 30일

ISBN 979-11-9788-000-1 03810

값 10,000원

※ 잘못된 책은 바꾸어 드립니다.